GUIA PARA ELABORAÇÃO DE MONOGRAFIAS E PROJETOS DE DISSERTAÇÃO DE MESTRADO E DOUTORADO

MARIA MARTHA HÜBNER

PIONEIRA
THOMSON LEARNING

Austrália Brasil Canadá Cingapura Espanha Estados Unidos México Reino Unido

PIONEIRA
THOMSON LEARNING

Arte-final e Fotolitos:
Prepress Editorial e Gráfica Ltda.

Revisão:
Janice Yunes

Impresso no Brasil.
Printed in Brazil.
1 2 3 4 03 02 01

Rua Santa Justina, 496
Vila Olímpia – CEP 04545-042
São Paulo – SP
Tel.: (11) 3849-2600
Fax: (11) 3045-0335
sac@thomsonlearning.com.br
www.thomsonlearning.com.br

Dados Internacionais de Catalogação na Publicação (CIP)
(Câmara Brasileira do Livro, SP, Brasil)
Hübner, Maria Martha
Guia para elaboração de monografias e projetos de dissertação de mestrado e doutorado.
Maria Martha Hübner; revisão Janice Yunes.
São Paulo: Pioneira Thomson Learning, Mackenzie, 2001.
Bibliografia.
3ª reimpr. da 1. ed. de 1998.
ISBN 85-221-0149-3
1. Teses 2. Trabalhos científicos – Metodologia 3. Trabalhos científicos – Normas
I. Yunes, Janice. II. Título.
00-4663 CDD-501.8
Índices para catálogo sistemático:
1. Trabalhos de Conclusão de Cursos: Metodologia 501.8

À doce lembrança de
meus pais, Celson e Martha...

Aos meus amores e afetos,
Domingos, Luiza e Domingos Delfino...

E às minhas queridas famílias
Hübner e Pozzetti,
soma de forças e amor,
porto seguro e continente,
revigor e alento em minha vida,
após difíceis perdas.

APRESENTAÇÃO

O **Centro de Estudos Políticos e Sociais (Ceps)** tem a satisfação de, por mais uma vez, em colaboração com o Programa de Pós-Graduação da Universidade Mackenzie, editar valioso trabalho produzido pela **Professora Doutora Maria Martha Hübner** contendo apontamentos sobre a técnica de elaboração de monografias e projetos de dissertação de mestrado e de teses de doutorado.

O estudo que ora é publicado aborda, destarte, o espinhoso campo da metodologia científica, concorrendo para uma segura e necessária orientação para os pós-graduandos, no que toca ao desenvolvimento da pesquisa e efetiva concreção do respectivo trabalho.

As aulas e conferências da prof. dra. Maria Martha Costa Hübner sempre foram aguardadas com ansiedade pelos alunos do Curso de Especialização em Direito Empresarial, em razão, principalmente, da forma suave pela qual os introduz e os familiariza com o complexo espectro da metodologia. Esta publicação, portanto, ensejará a consolidação do conhecimento transmitido em sala de aula e configurará inseparável auxiliar dos que pretendem ou já se encontrem elaborando trabalho, produto de pesquisa científica.

CENTRO DE ESTUDOS POLÍTICOS E SOCIAIS – CEPS
Cláudio Lembo
Presidente
Mônica Herman Salem Caggiano
Diretora Cultural

AGRADECIMENTOS

Este texto foi elaborado com a colaboração do prof. dr. Cláudio Lembo, Reitor da Universidade Mackenzie e pela Coordenadora-Geral de Pós-Graduação, prof. dra. Maria Lucia Marcondes Carvalho Vasconcelos.

Graças às simpáticas e insistentes solicitações desses professores, o presente texto foi enfim escrito.

Graças também à iniciativa pessoal e recursos de datilografia oferecidos pelo dr. Cláudio Lembo, esse texto foi impresso e distribuído gratuitamente aos alunos da Universidade Mackenzie em 1997, em edição limitada, que se esgotou em duas semanas, despertando grande interesse entre eles e os professores.

Finalmente, graças à parceria estabelecida entre o Instituto Presbiteriano Mackenzie, sob a presidência do dr. Adonias Costa da Silveira, a Universidade Mackenzie, através de seu reitor, prof. dr. Cláudio Lembo, e da Editora Pioneira, sob a direção do sr. Roberto Guazzelli, o texto foi transformado em livro, possibilitando seu acesso à comunidade acadêmico-científica em geral.

A eles, meus sinceros agradecimentos pelo apoio e confiança demonstrados.

Maria Martha Hübner

ÍNDICE

ÍNDICE DE FIGURAS

1 INTRODUÇÃO

No conteúdo que se segue serão abordadas regras (ou sugestões) para elaboração de monografias e projetos de Dissertação de Mestrado e de Tese de Doutorado.

Entretanto, as linhas mestras de raciocínio e de elaboração para as dissertações e teses propriamente ditas já estarão aqui explicitadas, em função dos "denominadores comuns" nas normas de publicação de todo texto científico.

Escrever sobre normas científicas é uma tarefa arriscada, porque pode revelar, a princípio, a errônea noção que há algo uníssono chamado "Ciência". Não é possível falar em nome dela representando-a. Ela é multifacetada, polêmica, contraditória. Porém, há fortes pontos em comum no trabalho daqueles que se denominam cientistas. A partir da interpretação desses pontos comuns é que me surgiu a idéia de escrever algumas sugestões de como elaborar textos científicos. Mas é também da prática e da visão como educadora que resolvi escrever, mais do que normas, um guia para os primeiros passos daqueles alunos que optaram por contribuir no avanço do nosso conhecimento científico escrevendo e publicando textos.

A eles, meu obrigada (e aqui posso agradecer em nome da Ciência) e votos de sucesso e de que esse pequeno guia seja de alguma utilidade.

Obs: Todo o texto escrito a seguir é fruto de muitas leituras, consultas e interpretações da autora sobre as variadíssimas normas bibliográficas e de redação de teses. Pela natureza didática e de sugestão das presentes idéias, essa lista de consultas bibliográficas não será todo o tempo indicada, podendo, entretanto, ser encontrada em outras publicações da autora, como, por exemplo, em Hübner - D'Oliveira (1984), EPU, S.Paulo.

2 O PENSAMENTO CIENTÍFICO COMO UM PRÉ-REQUISITO PARA A ESCRITA DE TEXTOS ACADÊMICOS

Se a condição necessária e suficiente para escrever textos "corretos", do ponto de vista da comunidade científica que os avalia, fosse conhecer as normas das academias, a tarefa de ensinar um aluno de graduação e pós-graduação a escrever suas monografias e teses seria muito fácil. Bastaria ensiná-los a andar com um pequeno manual sob os braços e a consultar o manual cada vez que quisessem escrever.

Mas para elaborar um bom texto científico é preciso, antes de tudo, ter comportamento científico diante da produção de conhecimento e, conseqüentemente, ou concomitantemente, pensar, raciocinar cientificamente.

Esse pensar envolve, basicamente, saber que a ciência lida com incertezas, que os fenômenos são, em geral, complexos e que, por isso, é preciso ter cuidado em afirmar ou negar algo.

Nesse sentido, diz-se que o cientista é parcimonioso, cuidadoso em suas conclusões. Em razão disso, não se conclui nada em um texto científico sem que as premissas estejam muito bem **fundamentadas** em um referencial teórico ou empírico, em estudos e/ou pesquisas anteriores ou nas observações e pesquisas que o próprio autor realizou.

É por isso que nos textos científicos há sempre citações de outros trabalhos e/ou autores.

Outro comportamento científico é ter sempre uma visão **relativa** dos fenômenos e não **absoluta**: é estabelecer relações entre fenômenos e não concebê-los como fenômenos isolados de um contexto.

Sabe-se que a maioria dos fenômenos naturais e sociais constituem-se num conjunto complexo de inter-relações. Aliado a isso, todos os fenômenos são multideterminados. Os cientistas acreditam, em geral, no determinismo probabilístico, onde alguns fatores são mais prováveis de interferirem no fenômeno em estudo do que outros.

A implicação dessa postura para a elaboração escrita dos textos acadêmicos é o uso constante de palavras que indiquem essa visão: a de que as conclusões nunca são totalmente ou absolutamente verdadeiras ou falsas, mas **provavelmente** verdadeiras ou falsas, com graus variados dessa probabilidade. A ciência lida com incertezas.

Afirmações categóricas, taxativas são raras em textos científicos e caso sejam feitas, a fundamentação teórica, empírica e metodológica deve ser forte e ter respaldo na comunidade científica.

Coerentemente com as posturas antes citadas, evitam-se, nos textos científicos, os julgamentos explícitos, ou seja, o uso exagerado de adjetivos. A linguagem básica da ciência privilegia o uso de descrições, inferências, ainda que seja impossível excluir afirmações que indiquem tendências, preferências, opções. Assumir posições, defendê-las, atacá-las faz parte do discurso científico, mas a condição *sine qua non* é apresentar os fundamentos que embasam tais posições.

Um texto apenas **formalmente** correto, em termos científicos, não tem validade, principalmente se nele encontrarmos, em seu bojo, violação à estrutura básica do pensamento científico.

Portanto, antes de querer acertar na forma de um trabalho, é preciso auto-avaliar-se nas posturas como cientista e procurar aproximar-se, o máximo possível, do ideal científico: a busca dos dados, pública e empiricamente passíveis de verificação e replicação (repetição por outro pesquisador), ainda que eles possam se confrontar com hipóteses e posições pessoais.

Findas as ressalvas necessárias à formação daqueles que pretendem escrever textos científicos, seguem algumas regras e sugestões para a elaboração desses textos.

3 MONOGRAFIAS

Os três termos - monografia, projeto de dissertação de mestrado e projeto de tese de doutorado -, na prática, acabam por marcar uma determinada etapa da produção acadêmica e não propriamente delimitar características científicas radicalmente diferentes. Eles podem significar trabalhos de níveis de profundidade semelhantes, a depender dos objetivos do autor e das exigências da universidade à qual ele se vincula.

Mas, de praxe, é esperado que as monografias sejam mais simples, mais genéricas e menos profundas e especializadas do que as dissertações de mestrado e teses de doutorado.

As monografias são exigidas ao final de cursos de graduação, especialização ou pós-graduação *lato sensu*. Já as dissertações de mestrado e teses de doutorado são exigidas, nessa ordem, em cursos de pós-graduação *stricto sensu*, que darão aos alunos os títulos de mestre e doutor, respectivamente.

E os **projetos** de dissertação e de tese são textos que antecedem à elaboração das dissertações e teses propriamente ditas. Os projetos são, em geral, apresentados por ocasião do chamado Exame Geral de Qualificação, que será explicado adiante.

Na monografia, como o próprio nome revela, escreve-se sobre um único tema, **não** necessariamente novo, inédito. Entretanto, não há impedimento nenhum que a abordagem desse tema se inter-relacione com outros e que aborde vários aspectos de um mesmo tema.

Imagina-se que a monografia seja eminentemente teórica, conceitual e que não envolva coleta de dados em campo ou laboratório. Mas isso é folclore ou tradição em uma ou outra universidade.

Ela pode envolver uma coleta de dados, ter base empírica, constituir-se em uma pesquisa propriamente dita. Apenas **não** se exige, como pré-requisito para que uma monografia seja aprovada, envolver pesquisa e que contenha um tema inédito.

O requisito mínimo é que a monografia aborde com precisão, clareza e encadeamento lógico um tema de relevância social e científica.

Em termos de seqüência do texto, a monografia se inicia justamente pela explicação da importância social do tema escolhido.

3.1 Introdução de uma Monografia

O autor de uma monografia deve iniciar seu argumento mostrando ao leitor as implicações sociais que o estudo do tema poderá ter ou, ainda, os benefícios para a população de uma discussão e/ou encaminhamento do assunto. Pode, assim, iniciar com uma revisão histórica do tema, destacando a importância, para a sociedade, que o mesmo veio tendo no decorrer de um período de tempo. É lógico que nessa revisão histórica ele pode fazer citações bibliográficas[1] de autores e/ou estudos que fortaleçam o argumento de que um estudo como aquele que se pretende fazer é importante para a sociedade.

Depois de apresentar e analisar a relevância social do assunto, o autor deve passar à importância científica do tema, indicando o que já foi investigado, discutido e concluído.

---

[1] *O modo mais correto e atual é fazer as citações no próprio corpo do texto, colocando o último sobrenome do autor e, em seguida, entre parênteses, o ano da obra que está sendo citada. As normas para citações bibliográficas serão explicitadas adiante.*

Trata-se de fazer uma pequena revisão bibliográfica, apresentando estudos relevantes sobre o assunto relacionados direta ou indiretamente ao tema.

Um estudo diretamente relacionado ao tema da monografia é aquele que abordou os mesmos fenômenos, na mesma realidade, com o mesmo enfoque e o estudo relacionado indiretamente apresenta diferenças no próprio fenômeno ou tema escolhido em algum detalhe. As diferenças podem estar na realidade escolhida ou até no modo de enfocar o tema. Mas a relação da obra ou estudo citado com o tema precisa ser claramente explicitada.

O alcance dessa revisão (quanto ao número de anos rastreados) é uma decisão a ser tomada entre o autor e o orientador do trabalho e varia enormemente conforme o tema. Em geral, buscam-se as publicações dos últimos dez anos e não se abre mão de estudos recentes.

Após a apresentação e discussão das relevâncias social e científica, o autor passará, então, a apresentar suas próprias questões e discussões.

Até aqui, a denominação empregada para essa parte do trabalho, em que se apresentam as relevâncias social e científica do tema, é **INTRODUÇÃO**.

Há autores que recomendam dividir a Introdução em **Justificativa** (que aqui abordamos como Relevância Social), **Revisão Bibliográfica** (que aqui abordamos como Relevância Científica) e **Objetivos** (quando o autor apresenta o tema que será tratado).

Se a monografia não for extensa (mais do que 30 laudas, por exemplo), não cabe uma longa introdução. E para uma introdução curta, não comportam subdivisões. Caso contrário, o autor poderá criá-las, como se segue:

- Introdução – Origem e Justificativa do Presente Estudo.
- Revisão Histórica de...
- Revisão Bibliográfica de... (e dentro do item Revisão Bibliográfica, o autor poderá criar outras subdivisões).

A subdivisão em capítulos só é recomendada para as dissertações e teses propriamente ditas e, ainda assim, se elas forem longas o suficiente.

Para uma tramitação mais rápida do momento de defesa para a publicação nos periódicos científicos, não se aconselha a subdivisão em capítulos.

Mas se o objetivo ulterior à apresentação do mestrado ou à defesa do doutorado é a publicação de um livro (e não de artigos em periódicos) e se a tese for longa, a subdivisão em capítulos se justifica.

3.2 Desenvolvimento de uma Monografia

A segunda parte de uma monografia não tem um título específico, mas se refere ao desenvolvimento de tópicos, das questões centrais que serão abordadas sobre o tema (aliás, não deve ter o título "desenvolvimento").

Essa segunda parte poderá ter vários títulos, que devem se referir às diferentes relações estabelecidas entre os aspectos do tema.

Para se ter maior clareza da seqüência proposta até aqui, vejamos um exemplo.

Se o seu tema for, em Informática, "A Linguagem C + + e a Linguagem Pascal", a primeira parte (Introdução) pode ter como início a demonstração do impacto de novas linguagens na sociedade e, especificamente, na comunidade de informática. Pode, ainda, abordar as possíveis conseqüências na elaboração dos *softwares*, nas prestações de serviços (aí está uma possível demonstração da relevância social do tema).

Em seguida, devem-se apresentar os principais estudos já realizados a respeito do assunto (pesquisas, ensaios e/ou discussões), ou da Linguagem C + + ou da Linguagem Pascal, ou, ainda, sobre as relações entre ambas (análises comparativas) e, na seqüência, apresentar a questão central do trabalho.

Esta questão poderia ser, por exemplo, o uso de ambas as linguagens na elaboração de *softwares* nas pesquisas científicas.

Assim, a segunda parte de uma monografia (o desenvolvimento sobre o tema do exemplo) pode abordar, em vários itens, o assunto de modo mais específico. Os títulos dessa segunda parte são exatamente os vários aspectos do tema tratado. Como ilustração, poderiam ser os seguintes:

- "O papel da Linguagem Pascal nos *softwares* de apoio à pesquisa científica".
- "O papel da Linguagem C + + nos *softwares* de apoio à pesquisa científica".
- "Análises comparativas de ambas as linguagens com relação:
    - ao aprendizado;
    - ao treinamento de pessoal;
    - à relação custo/benefício".

Não há uma receita para a escolha dos títulos dessa segunda parte. É importante que todos eles mantenham uma relação explícita com o tema e uma seqüência lógica entre si.

Sugiro ao aluno de *lato sensu* que também leia a seção sobre projetos de pesquisa, especialmente a parte sobre variáveis, definição e categorização, pois esses conceitos servem para o detalhamento da parte de desenvolvimento de uma monografia, no qual se devem detalhar as variáveis em estudo. Uma das formas de se fazê-lo é definir e categorizar as variáveis (ver subitem 4.4).

3.3 Conclusão

A terceira e última partes do conteúdo de uma monografia devem ser aquelas denominadas **CONCLUSÃO** (e o título deve se chamar, de fato, Conclusão).

Como o próprio nome diz, é o momento de apresentar a síntese pessoal do autor sobre o tema, as possíveis questões, encaminhamento, soluções, problemas que foram suscitados pelo assunto abordado.

A conclusão deve "amarrar" os diferentes aspectos apresentados, inter-relacionando-os, ser sucinta e, obviamente, responder à principal questão do trabalho. Para isso, é necessário retomar os aspectos da Introdução e Desenvolvimento, apontando em quais pontos houve respostas positivas, negativas ou dúvidas ainda em relação à questão inicial, se novas relações entre os assuntos podem ser estabelecidas, etc.

Caso o tema e o problema mais específico tratado tenham se mostrado polêmicos, repleto de controvérsias, nada mais científico do que terminar seu trabalho com a apresentação de novas perguntas, que deverão inspirar novos trabalhos.

3.4 Referências Bibliográficas e Bibliografia

Todo trabalho deve indicar, de modo completo, as leituras realizadas e citadas no corpo do texto.

As referências bibliográficas referem-se àquelas obras (livros, artigos, etc.) que foram **explicitamente** citadas e, portanto, usadas durante o trabalho, no próprio texto. A bibliografia, por sua vez, diz respeito às obras que foram lidas, porém não citadas no trabalho.

Do ponto de vista de publicação científica, o que se deve apresentar são as referências bibliográficas, ou seja, dar as informações completas das obras e autores citados no trabalho.

Todavia, quando o trabalho é para um determinado curso, como parte das exigências para a aprovação no mesmo, sugere-se que além das referências bibliográficas também se apresente a bibliografia: todo o material lido e estudado para a elaboração da monografia.

O molde (formato) das referências bibliográficas

Os alunos têm por hábito reclamar muito do rigor excessivo nas normas para se iniciar a bibliografia. Contudo, é esse rigor que gera um mínimo de padronização necessária para que as obras sejam efetivamente localizadas.

Há muitos livros indicando como fazê-lo (Severino, 1986; Hübner - D'Oliveira, 1984, dentre outros). Há pequenas variações entre eles, como em todas as outras normas. O material da ABNT deve também ser consultado (a norma específica para referências bibliográficas - NBR 6023 - está, no momento, em discussão).

As regras que estarão expostas a seguir baseiam-se em normas atuais de publicação de periódicos internacionais de pesquisa, os quais (por exemplo: *Journal of Applied Behaviour Analysis* ou *Journal of Learning Disabilities*) primam pela simplicidade, praticidade e agilidade na linha de produção do material gráfico.

Quando estiver no corpo do texto, a indicação bibliográfica deverá apenas conter o último sobrenome do autor e imediatamente após, entre parênteses, o ano da obra referida.

Por exemplo:

> "Segundo Capra (1987), as últimas duas décadas de nosso século vêm registrando um estado de profunda crise mundial."
>
> O último sobrenome - no caso Capra - não precisa ser escrito todo em maiúscula. Apenas a primeira letra.

Quando a citação for na íntegra, devem-se, tal como na norma anterior, apresentar o último sobrenome, o ano entre parênteses e o próprio trecho a ser citado.

Este trecho deverá vir em espaço menor do que o do texto do trabalho. Em geral, indica-se que um trabalho científico (aqui, no caso, monografia e projetos) deve ser apresentado em **espaço 2** e o trecho citado na íntegra em **espa-**

ço 1. Além disso, deve-se estreitar a margem ao incluir o trecho e, após o mesmo, indicar novamente o último sobrenome do autor, o ano da obra e **a(s) página(s)** de onde ele foi retirado. Vejamos um exemplo: Como afirma Marins (1995),

> "É na Universidade que formamos nos alunos a mentalidade científica, com o objetivo principal de dar a capacidade de pensar, raciocinar sobre os fatos científicos..." (Marins, 1995, p. 24)

Tem-se abandonado qualquer termo em latim, tal como *ibidem* para indicar que a obra é a mesma anteriormente citada ou *op. cit.*, *et al.*, etc. A tendência é simplificar o modo de apresentar informações e adequar as normas à realidade de cada país e às normas internacionais.

Nesse sentido, também não se usam com tanta freqüência números no corpo do texto e notas de rodapé como forma de indicação bibliográfica. Nos trabalhos dos acadêmicos das áreas biológicas e jurídicas, essa forma ainda é comumente encontrada. Essa maneira foi substituída por outra aqui já sugerida no subitem 3.4 – Referências Bibliográficas: indicar no corpo do texto apenas o último sobrenome, o ano da obra e a informação completa ao final do trabalho; isso pela mesma razão de simplificação anteriormente mencionada: ao se colocar um número e em nota de rodapé a informação completa, há a desvantagem de ainda ser necessário colocar novamente a informação nas referências bibliográficas. Desse modo, a mesma informação é apresentada duas vezes. Essa repetição é eliminada no modo mais recente de fazer a referência bibliográfica.

Ao final do trabalho, deve haver uma seção especial, intitulada **REFERÊNCIAS** ou **REFERÊNCIAS BIBLIOGRÁFICAS**. Nesta seção apresentam-se, em ordem alfabética (pelo último sobrenome do primeiro autor), todas as obras citadas no trabalho. A forma de fazê-lo envolve um bom número de regras.

Costumo comentar com os alunos que uma das formas mais eficazes de se aprender como fazer corretamente as referências é copiar bons modelos. Mas, mesmo assim, seguem as normas mais básicas, passo a passo. Ao final de cada uma é apresentado o exemplo completo. A maioria dos nomes e datas dos exemplos é hipotética.

Para livros e teses

1º Passo:

Último sobrenome do autor seguido de vírgula, apenas com a primeira letra maiúscula, e os prenomes abreviados, em maiúsculas, seguidos de ponto.

Exemplo:

Hayakawa, I. S.

Na norma bibliográfica ainda em vigor pela ABNT (1989) e que está sendo revisada, a indicação é que **todo** o sobrenome venha em maiúsculas. Entretanto, ao longo dos anos, pesquisadores nacionais em coadunância com as normas internacionais de pesquisa, acabaram por eliminar essa exigência, mantendo apenas a primeira letra em maiúscula. A razão foi uma tentativa de "globalização" das normas bibliográficas, moldando-nos pelas normas internacionais, mais simples, ágeis e mais modernas do que as nossas.

2º Passo:

O ano da obra entre parênteses.

Exemplo:

Hayakawa, I. S. (1972).

Na norma bibliográfica em vigor na ABNT, a data vem no final de toda a referência. No entanto, para facilitar a identificação da obra citada no corpo do texto, periódicos de pesquisa internacionais e instituições nacionais que congregam pesquisadores (a Sociedade Brasileira para o Progresso da Ciência - SBPC - e a Sociedade Brasileira de Psicologia – SBP –, por exemplo) adotaram ou aceitaram a inclusão da data logo no início, após os prenomes dos autores. Algumas normas internas para publicação de teses também adotaram a regra da data no início, como a norma interna da Universidade Federal do Rio de Janeiro. Alguns programas de Pós-Graduação, como o de Educação Especial da Universidade Federal de São Carlos e o de Psicologia Experimental da USP, adotaram também a norma de incluir a data logo no início. Porém, ambas as formas são aceitas. É preciso, apenas, seguir um único padrão e adotá-lo durante todo o trabalho.

3º Passo:

Título do livro ou tese em negrito, ou itálico ou sublinhado somente com a primeira letra maiúscula.

Exemplo:

Hayakawa, I. S. (1972). A linguagem no pensamento e na ação.

4º Passo:

Nome da cidade onde foi publicada a obra seguida de dois pontos.

Exemplo:

Hayakawa, I. S. (1972). A linguagem no pensamento e na ação. São Paulo:

Se, na obra, for explicitada a edição, pode-se incluí-la logo após o título da obra, da seguinte maneira: o número da edição seguido de ponto e a palavra edição abreviada em minúscula.

Exemplo:

Hayakawa, I. S. (1972). <u>A linguagem no pensamento e na ação.</u> 3. ed.

Trata-se, entretanto, de uma informação complementar e não fundamental.

Para as teses, após o título, indica-se o tipo de tese e a instituição onde ela foi apresentada.

Exemplo:

Bernardes, F. (1984). <u>A inserção social de deficientes visuais.</u> Dissertação de mestrado apresentada no Instituto de Sociologia da Universidade Federal do Rio de Janeiro.

5º Passo:

Nome da editora.

Exemplo:

Hayakawa, I. S. (1972). <u>A linguagem no pensamento e na ação</u>. São Paulo: Pioneira.

(Atenção aos pontos finais e vírgulas).

O 5º passo constitui-se no exemplo completo. Observe que a segunda linha deve estar sempre sob a terceira letra.

Para revistas, periódicos e capítulos de livro

1º Passo:

Idem primeiro passo das instruções para livros e teses.

Exemplo:

Ferreira, M.

2º Passo:

Nome do artigo citado apenas com as primeiras letras de cada palavra em maiúscula.

Exemplo:

Ferreira, M. (1996). O Efeito do Ensino de Leitura sobre a Escrita em Crianças com Dificuldades de Aprendizagem.

3º Passo:

Nome da revista ou periódico em negrito, ou itálico ou sublinhado, com a primeira letra de cada palavra em maiúscula.

Exemplo:

Ferreira, M. (1996). O Efeito do Ensino de Leitura sobre a Escrita em Crianças com Dificuldades de Aprendizagem. <u>Revista Brasileira de Psicologia.</u>

4º Passo:

O volume ou fascículo da revista ou periódico entre parênteses ou sublinhado, seguido de vírgula.

Exemplo:

Ferreira, M. (1996). O Efeito do Ensino de Leitura sobre a Escrita em Crianças com Dificuldades de Aprendizagem. <u>Revista Brasileira de Psicologia</u>. (67),

5º Passo:

Os números das páginas inicial e final do artigo citado.

Exemplo:

Ferreira, M. (1996). O Efeito do Ensino de Leitura sobre a Escrita em Crianças com Dificuldades de Aprendizagem. Revista Brasileira de Psicologia. (67), 12-21.

Observe novamente que a segunda linha sempre começa sob a terceira letra do sobrenome do autor.

A ordem de apresentação de todas as referências bibliográficas deve ser alfabética.

Quando houver mais de uma citação de um mesmo autor, em um mesmo ano, as citações devem ser diferenciadas pelo acréscimo de letras minúsculas após a data.

Kepler (1991a)

Kepler (1991b)

Na seção de Referências Bibliográficas, junto ao ano, a letra minúscula deve ser também apresentada e as outras informações das obras devem vir por completo, como já apontado anteriormente.

Em caso de coincidência de autores com o mesmo sobrenome e mesma data, acrescentar as iniciais dos nomes.

Exemplo:

Harris, J. (1982)

Harris, W. (1982)

Se houver vários trabalhos de diferentes autores, citados no mesmo ponto do texto, em bloco, dever-se-á ordená-los alfabeticamente ou, ainda, em ordem cronológica.

Exemplo:

Freitas (1995), Garret (1980) e Martins (1989)

ou

Garret (1980), Martins (1989) e Freitas (1995).

Apostilas de curso

É comum, em monografias, empregar materiais de uso interno de um curso. Ao citá-los, basta seguir as regras para livros. Após o nome do texto empregado, informar que é uma apostila, texto, guia, etc. de uso interno do curso (e é então necessário dar o nome do curso e o local de realização: cidade e instituição). Nesse caso, o ano da obra é o da realização do curso.

As referências de material interno de cursos devem ser evitadas em dissertações e teses, por não se tratar de uma publicação propriamente dita.

Exemplo:

Souto, M. (1991). Considerações sobre os programas de Educação Ambiental. Apostila de uso interno do curso: Os programas de ensino e o Meio Ambiente. Florianópolis: Universidade Federal de Santa Catarina.

Anotações de aula e comunicações pessoais

Somente em último caso, quando não houver nenhuma publicação sobre o assunto, é que se poderá usar uma anotação de aula ou comunicação pessoal e, nessa última, apenas para autores e professores que já tenham um reconhecimento público na comunidade científica. Ainda assim, só se aplica a "comunicação pessoal" quando o autor da comunicação não publicou a idéia em nenhum "lugar".

Tanto para o caso de anotações de aula como para o de "comunicação pessoal", apresenta-se no corpo do texto no momento de fazer a referência, o último sobrenome do autor e entre parênteses a expressão "comunicação pessoal".

Exemplo:

Bartoli (comunicação pessoal)

Na seção de Referências Bibliográficas, a forma de indicar a comunicação pessoal segue os parâmetros de indicação de livros e teses. O nome da "obra", nesse caso, é o evento ou a natureza do evento (palestra, aula, simpósio, etc.) onde foi feita a comunicação.

Jornais e revistas não-especializadas

Em trabalhos acadêmicos de pós-graduação, deve-se evitar o uso de jornais e revistas não-especializadas, exceto quando os artigos forem pertinentes ao tema do trabalho, e não encontrados em publicações similares da comunidade científica.

As regras são as mesmas para a referência de revistas e periódicos. Mas pode ocorrer de os artigos em jornais e revistas comuns não terem autor. Nesse caso, o nome do jornal ou revista aparecem em primeiro lugar, seguido do ano, título do artigo (ou manchete), nome da cidade, editor (entidade responsável), data da publicação do jornal ou revista, as páginas inicial e final e outra informação complementar.

Por exemplo:

O Estado de Pernambuco (1994). As 500 maiores cidades do Brasil. Pernambuco: Fundação Prestes, 10 de março, p.3, Caderno 3.

Referências legislativas (leis, decretos, portarias, etc.)

Primeiramente apresentam-se o nome do país, ou cidade ou Estado e em seguida o ano, o título e a especificação da legislação ou acordo ou sentença da legislação (número e data completa).

Por exemplo:

Brasil (1988). Decreto-lei número 2423, de 7 de abril de 1988.

Por último, indicar o nome da obra ou veículo de informação onde foi publicado (grifado, sublinhado ou em negrito) com indicação de volume e página.

Por exemplo:

Brasil (1988). Decreto-lei número 2423, de 7 de abril de 1988. Diário Oficial (126), p. 6009.

Internet

Para um trabalho de cunho científico, as bibliografias precisam ser estáveis e localizáveis. Muitas vezes, esse não é o caso de um endereço na Internet. Portanto, quando a Internet for usada como referência bibliográfica em um trabalho científico, será necessário que o material encontrado em determinada *home page* tenha informações bibliográficas além do *site*.

Contudo, há casos em que determinado material da Internet faz parte do objeto de estudo do autor, ou que o material é inusitado e só pode ser encontrado na Internet. Nesse caso, cita-se da seguinte forma:

1º O tipo de material que é, no caso, uma *Home Page*.

Exemplo: Home Page.

2º O *site* dessa *Home Page* na *World Wide Web* (WWW)

Exemplo: Home Page. http://www.fapesp.com.br

3º O título da matéria grifada, ou em negrito, ou em itálico.

Exemplo: Home Page. http://www.fapesp.com.br. Bolsas de Pesquisa.

4º As páginas consultadas.

Exemplo: Home Page. http://www.fapesp.com.br. Bolsas de Pesquisa. P. 5-7

Porém, se a matéria tiver um autor, faz-se a citação tal como a de um livro, e os dados da *home page* com o *site* aparecem como se fosse a editora e os dados complementares.

Equipamentos, softwares, *mapas e vídeos (materiais especiais)*

Primeiramente o nome do material, o ano, o autor (se houver), a cidade, a instituição responsável pela publicação e o tipo de material e especificações técnicas cruciais para a sua identificação.

Exemplo:

Viagem pela história do Brasil. (1977). Caldeira, J. São Paulo: Companhia das Letras, 1977. CD-ROM.

3.5 Notas de Rodapé

Elas se constituem em informações "extratexto", apresentadas ao pé da página em espaço simples, separadas do restante do texto por uma linha horizontal de aproximadamente 3 cm e devem ser numeradas.

Segue abaixo um exemplo.

"Quais as características de meus alunos deveriam ser conhecidas como ponto de partida para o planejamento de meu curso?" [2]

As notas de rodapé só devem ser apresentadas se extremamente necessário, ou seja, quando a informação nela contida não for importante para o texto em questão, mas sim um adendo, um "parênteses", dando um determinado contexto ao trecho referente, ou, ainda, uma indicação de informação complementar.

É freqüente empregá-las para dar notas do tradutor ou traduções de termos e trechos fundamentais que foram apresentados em língua estrangeira no corpo do texto. Nesse sentido, sugere-se que trechos muito importantes, citados na íntegra no corpo do texto, sejam na língua original e tenha a sua tradução apresentada em nota de rodapé.

---

[2] *Para um levantamento prévio dessas características, leituras sobre Psicologia do Desenvolvimento, que ampliem os conhecimentos de determinadas faixas etárias, muito ajudarão nesse sentido.*

Uma outra função da nota de rodapé é dar detalhes ou curiosidades de um determinado termo ou conceito, que trarão complementos importantes ao leitor, sem, entretanto, desviar o assunto central. Assim, para não truncar ou quebrar a seqüência do texto, a nota é incluída no rodapé da página.

No entanto, recomenda-se usá-las com parcimônia.

3.6 Anexos

São seções muito comuns nos projetos de dissertações e teses. Sua indicação é acompanhada de uma numeração em algarismos romanos ou em letras (Anexo I ou Anexo A, B...).

Há controvérsias quanto ao local exato de sua inclusão no projeto: antes ou após as referências bibliográficas. A sugestão mais aceita é incluí-los antes das referências; assim, a numeração das páginas dos anexos segue a numeração de todo o texto restante.

Nos anexos devem conter informações importantes e, em geral, longas e detalhadas em demasia, que se incluídos no próprio texto truncariam a leitura. Não são como as notas de rodapé, informações "extratexto". São, por exemplo, anexos, cópias na íntegra de documentos, de instrumentos de coleta de dados, tais como: questionários, entrevistas, escalas, etc. Os anexos detalham informações, sem as quais o texto principal ficaria incompleto ou sem uma fundamentação ou exemplificação necessária.

3.7 O Tamanho de uma Monografia

Essa é uma questão indevida, com a qual muitos alunos se preocupam. Não há como indicar um número de páginas, nem mesmo aproximado, pois dependerá do tipo de monografia, assunto e profundidade desenvolvidos pelo autor.

Costuma-se dizer que os trabalhos mais modernos caminham para a simplicidade e boa capacidade de síntese. Não se apresentam monografias e teses excessivamente extensas, sob o risco de ficarem nas prateleiras, sem leitores interessados.

Para dar uma idéia geral do tamanho, tomam-se por base as introduções de teses, que giram em torno de 30 a 60 laudas. As monografias não deveriam exceder esse número; elas são mais comumente encontradas em 30 laudas, em média.

4 PROJETOS DE DISSERTAÇÃO DE MESTRADO E DE TESE DE DOUTORADO

Os projetos de dissertação de mestrado e de tese de doutorado são entregues por ocasião do ingresso do aluno em um curso de pós-graduação *stricto sensu*, se a Universidade assim o exigir, ou então, o que é mais comum, por ocasião da realização do Exame de Qualificação (cujo momento e função estão descritos no subtítulo 8.2.). Há ainda o caso de se apresentar um projeto quando se solicitam subsídios a órgãos de fomento à pesquisa (por exemplo: Fapesp, CNPq, Capes, Fundação Vitae ou Departamentos e Fundos de Pesquisa da própria universidade do autor). [3]

Em todos os contextos anteriores, a função primeira do projeto é esclarecer ao leitor o objetivo principal do trabalho e o caminho (método) para se atingi-lo, fornecendo-lhe todos os elementos importantes para que ele julgue a importância, pertinência e suficiência do trabalho para o contexto em que ele se insere (dissertação de mestrado ou tese de doutorado).

Os projetos de dissertação não precisam abordar temas e/ou métodos inéditos. O mestrado deve demonstrar a habilidade em realizar estudos científicos e em seguir linhas

---

3 *A Fapesp (Fundação de Amparo à Pesquisa do Estado de São Paulo), CNPq (Conselho Nacional de Desenvolvimento Científico e Tecnológico) e Capes (Coordenadoria de Aperfeiçoamento de Pessoal de Ensino Superior) são órgãos de fomento à pesquisa. O primeiro é do governo estadual e os dois últimos do governo federal. Recentemente, a maioria das informações sobre os critérios para liberação de Bolsas de Pesquisa, outros fomentos e os respectivos formulários estão na Internet através dos seguintes endereços:*
http://www.fapesp.br (FAPESP)
http://www.cnpq.gov.br (CNPq)
http://www.capes.gov.br (CAPES)

mestras da área de formação (ou de escolha) do autor da dissertação.

Os projetos de tese de doutorado precisam abordar temas e/ou métodos inéditos. O doutorando deve defender uma idéia, um método, uma conclusão obtidos a partir de uma exaustiva pesquisa e trabalho científicos.

Aliás, cabe nesse momento traçar algumas possíveis diferenças entre um projeto de pesquisa científica e um de dissertação ou de tese.

É raro ser aceito pela comunidade científica um projeto de tese ou de dissertação que não envolva alguma etapa de pesquisa, entendendo-a como um conjunto de investigação sistemática, empiricamente controlada. A palavra controle significa aqui o "isolamento", o domínio e o conhecimento das variáveis consideradas importantes no estudo, sejam elas as que estão no próprio foco do estudo, sejam aquelas que poderiam "perturbar" a visão dos fenômenos centrais. Assim sendo, todo trabalho de pesquisa envolve um demorado raciocínio de previsão de possibilidades de verificações e testes dessas possibilidades.

A verificação, por sua vez, significa ir a campo, buscar os dados que fornecerão as respostas às questões centrais. No projeto, planeja-se a forma de fazer essa verificação.

Uma dissertação de mestrado ou tese de doutorado não deveria chegar a conclusões sem ter caminhado, ainda que em parte, pelas trilhas da pesquisa. Elas devem buscar dados e não somente idéias, ainda que sejam destas que se originam todo o trabalho científico. A realidade, o campo, a observação, o dado, enfim, são a matéria-prima da ciência. Não é facilmente admissível um projeto de tese que não contenha um **projeto de pesquisa** que não se baseie em dados coletados com as regras e cuidados científicos.

Mas o projeto de tese pode ir além da pesquisa, ter uma boa parte de construção de modelos teóricos, de teoria, enfim, de analogias, de proposição de paradigmas. Entretanto, creio que todo o tipo de proposição deve ter o fundamento empírico pautado em algum trabalho de pesquisa, onde a matéria-prima e o dado foram coletados com todos os cuidados que o controle científico requer.

4.1 Introdução de um Projeto de Pesquisa

A seção denominada Introdução, tanto do projeto de Tese como do projeto de Dissertação, segue exatamente as linhas gerais apresentadas no subtítulo 3.1.

Destaca-se aqui que as relevâncias social e científica devem ser exaustivamente abordadas em ambos os tipos de projetos. Porém, é no projeto de doutorado que a relevância científica assume um forte caráter decisivo para se julgar a adequação e a pertinência do trabalho para a obtenção do título de "doutor" em uma dada área.

É importante lembrar que é na Introdução que se deve "defender" o projeto dentro da parcimônia que a ciência requer. Portanto, os argumentos que apresentam as relevâncias social e científica devem ser muito bem fundamentados.

4.2 Método

É uma seção fundamental em qualquer projeto de pesquisa e teses em geral. Seja um trabalho de natureza teórico-conceitual, seja de natureza empírica, todo projeto deve esclarecer o "caminho que faz" para poder chegar a conclusões, à "lógica do agir".

No Método explicitam-se a lógica da ação a ser seguida pelo pesquisador, os principais fenômenos a serem estudados, suas ramificações, inter-relações e a forma de se obtê-los. Cada uma dessas seções recebem denominações técnicas e precisas em Ciência, que serão apresentadas a seguir, apenas para elucidar a que elas se referem e qual a razão de se segui-las. Porém, não é necessário empregar cada nome, ou seja, a nomenclatura em si mesmo, mas sim estudar a lógica que a nomenclatura traz e que torna a seção de Método uma forma clara e precisa de explicar detalhadamente os fenômenos estudados, o caminho percorrido no trabalho.

4.3 Previsão de Análise de Dados

Como o próprio nome diz, o projeto dá a projeção do que será feito.

Na Introdução, apresenta-se o objeto de estudo, isto é, o problema de pesquisa e sua importância para a sociedade e a comunidade científica.

No Método, passa-se a "destrinchar" como será feito o estudo.

Começa-se por apresentar de que maneira a pergunta feita na Introdução (o tema central do trabalho) pode ser analisada, ou seja, subdividida em suas partes principais.

Para usar um termo técnico, a previsão de análise de dados começa por apresentar as **variáveis** do estudo, que são os fenômenos que estão no foco do pesquisador. Numa definição circular, variável é alguma coisa que varia. É uma propriedade que adquire diferentes valores. Um exemplo de variável em Psicologia ou Pedagogia é o **processo de aprendizagem**, o qual pode assumir diferentes valores: aprendizagem de conceitos, motora, psico-motora, ou, então, aprendizagem animal, humana, de crianças, adolescentes, adultos, etc. Outros exemplos mais simples de variável são: a classe social, o sexo e a idade, dentre outros.

Na pergunta central de um projeto de pesquisa há sempre, no mínimo, dois tipos principais de variáveis: a suposta "causa" a ser investigada e o suposto "efeito" a ser observado. São variáveis: os supostos fatores determinantes de um fenômeno e os determinados por ele, os supostos fenômenos antecedentes e os fenômenos conseqüentes ao foco principal de um estudo.

Os problemas de pesquisa (ou seja, as perguntas que norteiam o estudo, denominadas por alguns autores de **objetivos de pesquisa**) apresentam, em geral, os seguintes tipos de formulação:

- Quais os fatores determinantes de ....?
- Há relação entre ....e ....?

- Quais os efeitos de ....sobre ....?
- Quais as características de ....?
- Quais as semelhanças (ou diferenças) entre.................?

Repare que há sempre, no mínimo, a possibilidade de dois tipos de variáveis. E é na seção de Método que ambos são identificados, considerados o núcleo da investigação. Emprega-se o termo "variável independente" para o fenômeno que está sendo visto como "causa" pressuposta e o termo "variável dependente" para o fenômeno que está sendo visto como "efeito" pressuposto.

Outros autores denominam as variáveis a serem estudadas pelo pesquisador de "variáveis experimentais" (semelhante ao termo "variável independente") e "variável de observação" (semelhante ao termo "variável dependente").

Na seção de Previsão de Análise apresentam-se, então, esses dois tipos de fenômenos centrais a serem estudados pelo pesquisador.

Não é necessário empregar ambos os termos técnicos "variável independente e variável dependente" na redação do projeto. Porém, a lógica neles embutida precisa estar muito clara para o autor do projeto. Ou seja, ao projetar o seu estudo, o pesquisador precisa saber para "o quê" ele vai olhar como sendo "o foco" de algo, ou melhor, o efeito (a variável dependente) e para "o quê" ele vai olhar como sendo "causas", "fatores determinantes".

Veja no exemplo a seguir como uma inversão do raciocínio desse tipo de análise pode levar a estudos completamente diferentes.

Suponha que um engenheiro queira relacionar temperatura e diâmetro de um cilindro. Ele pode estudar o efeito da temperatura do ambiente sobre o aumento ou diminuição do diâmetro de um objeto cilíndrico ou, ao contrário, estudar o efeito do tamanho do diâmetro de um cilindro sobre a alteração de temperatura desse corpo ou de outro dentro do objeto cilíndrico.

No primeiro caso, a temperatura é a variável independente - a suposta causa e o diâmetro do cilindro é a variável dependente - o efeito a ser observado. Assim, o pesquisador variará a temperatura para observar o que ocorre com o diâmetro do cilindro. No segundo, ao contrário, o tamanho do diâmetro é a variável independente e a temperatura do corpo é que será observada como efeito (variável dependente). Nesse caso, o pesquisador variará o diâmetro e observará o que ocorre com a temperatura do corpo.

Desse modo, não basta dizer que seu estudo relacionará temperatura e diâmetro do cilindro. É preciso explicitar em que direção será estudada essa relação; e esta direção é explícita quando se raciocina em termos de variáveis independente e dependente.

Outro tipo de variável que é preciso explicitar na seção de Método é aquela dita "estranha", controlada ou externa ao problema central.[4] Entende-se por variáveis estranhas aquelas que têm a possibilidade de interferir nas variáveis centrais e que, por isso, devem ser controladas.

Suponha, por exemplo, que o estudo seja com crianças de sete anos: os efeitos de assistir aos programas de desenho animado infantis sobre a habilidade de desenhar.

Além das variáveis centrais (assistir aos programas infantis e desenhar), outras carecem ser conhecidas, tais como: a quantidade de horas em que se assistem aos programas, os tipos de programas e as experiências prévias dos sujeitos na habilidade de desenhar, dentre outras.

A necessidade de conhecê-las reside no fato de que a depender de como elas se apresentam (ou de quais sejam seus valores), o resultado da relação entre as variáveis principais variará.

Há inúmeras formas de se controlar estas variáveis ditas "estranhas" (ou variáveis controladas). Uma delas é mantêlas constante (escolhendo ou criando situações em que, por

---

4 *Para maiores detalhes sobre esses conceitos e o de controle científico ver Hübner-D'Oliveira, M.M. (1984).* Ciência e Pesquisa em Psicologia: uma introdução. *São Paulo: EPU.*

exemplo, elas não variem ou sejam iguais ou semelhantes entre os sujeitos). Uma outra é excluindo-lhes alguns valores. Poderia ser no exemplo acima: estudar apenas um tipo de desenho animado e não todos eles e excluir do estudo aquelas crianças que tivessem pais desenhistas ou que freqüentassem escolas de desenho.

Saber controlar as variáveis é uma das habilidades mais complexas e importantes em uma pesquisa científica. No projeto, o cientista prevê e programa como irá fazê-lo, sempre levando em conta que os fenômenos são multideterminados.

Basicamente, existem dois tipos de controle: o experimental e o estatístico. Há uma extensa discussão sobre as vantagens, desvantagens, adequações e inadequações de cada um.

Trata-se de um aspecto que o aluno deve discutir exaustivamente com o seu orientador, pois a opção por um determinado tipo de controle de variáveis depende, sobretudo, das atitudes e valores diante da forma de produzir conhecimento. Além disso, pode-se optar por um estudo eminentemente descritivo, com análise qualitativa dos dados (que será discutido no subtítulo 4.5); nesse caso, o "controle" de variáveis acaba sendo o de observação, explicitação e descrição da maioria das variáveis que se julgar relevante.

4.4 Categorização e Definição das Variáveis

Se uma variável pode assumir diferentes valores, como os dados podem ser agrupados para responder ao problema de pesquisa? Quais critérios adotar para tomar esta decisão? Por exemplo, quando se trabalha com a variável sexo, esta decisão é muito simples: os dados podem ser agrupados em sexo masculino e feminino. Mas se trabalharmos com a variável altura, o agrupamento dos dados pode ser mais difícil, pois podemos agrupar os dados em altura baixa, média ou alta; unicamente em baixa e alta; ou em faixas de altura (1,50 m a 1,60 m; 1,61 m a 1,70 m; etc.).

Quando levantamos diferentes agrupamentos para os dados de uma variável, estabelecemos categorias. Categorizar é simplesmente outra palavra para designar divisão, isto é, uma categoria é uma divisão, ou uma subdivisão. Se um conjunto de objetos é categorizado de certa forma, simplesmente é dividido segundo certa regra. Outra definição de categorizar é estabelecer classes.

Vejamos, então, quais critérios o cientista tem para decidir sobre as categorias que estabelecerá no seu trabalho, após ter identificado as variáveis e relações pretendidas entre elas.

Suponhamos que num levantamento sobre as condições de vida de um professor, enfocou-se a variável tempo de trabalho.

Um primeiro critério para a categorização refere-se à relação entre as categorias e o problema de pesquisa que se quer responder. Na determinação de categorias relevantes devem ser observados certos princípios de classificação. A questão de pesquisa ou as hipóteses, quando formuladas, fornecem uma base para seleção de regras de classificação. Por exemplo, se o objetivo do levantamento para caracterizar as condições de vida do professor for simplesmente saber qual a porcentagem da população de professores que trabalha o dia todo ou parte do dia, poderíamos ter estabelecido as seguintes categorias: trabalha em tempo integral, trabalha em tempo parcial. Os dados seriam distribuídos nestes dois grupos.

Por outro lado, se o propósito de pesquisa também fosse verificar qual a porcentagem de professores que têm uma jornada de trabalho de mais de oito horas diárias, teríamos que estabelecer categorias que evidenciassem este dado. Assim, teríamos que ter: trabalha menos de oito horas (equivalente à categoria tempo parcial), trabalha oito horas e trabalha mais de oito horas (equivalente à categoria tempo integral).

Portanto, há várias formas de categorizar os mesmos dados, as quais levam a resultados diferentes, evidenciando relações diversas. Assim, as categorias devem ser previstas durante a previsão de análise de dados, de forma a garantir que as metas da pesquisa sejam atingidas.

Todo tipo de categorização deve obedecer a três critérios:

- Conter categorias relacionadas ao problema de pesquisa.
- Conter categorias exaustivas, que abarquem todas as possibilidades de variação e todos os valores que interessam.
- Conter categorias mutuamente exclusivas, ou seja, separar em classes de tal forma que uma classe não se superponha à outra.

Exemplificando, suponhamos que para caracterizar as condições de vida do professor em relação ao transporte, enfocou-se a variável "tempo de deslocamento" definida como número de horas gastas no trajeto casa-trabalho" e se previram as seguintes categorias:

- Até 30 min.
- De 30 min. a 60 min.
- De 50 min. a 90 min.
- De 90 min. a 120 min.
- Mais de 120 min.

Em que categorias você colocaria o dado de uma pessoa que gasta uma hora neste trajeto? Note que este dado poderia ser colocado tanto na categoria de "30 min. a 60 min.", como na categoria "50 min. a 90 min.". Por que isto aconteceu? Porque as categorias previstas não atenderam ao critério de exclusão. Elas deveriam ser reformuladas de modo que cada categoria fosse adequadamente delimitada, por exemplo: "30 min. a 60 min." e "60 min. a 90 min.".

Para que o critério de exclusão seja atendido, também é necessário que as variáveis sejam definidas de forma **clara** e **precisa**. Tomando-se como exemplo a variável "tempo de deslocamento" e a categorização apontada, como poderia ser classificado o seguinte dado: "Gasto 15 minutos esperando o ônibus e 30 dentro dele?" Se colocássemos este dado na categoria "até 30 min.", estar-se-ia considerando a variável "tempo de deslocamento" como o número de horas gastas no trajeto casa-trabalho dentro do veículo de transporte. Se colocássemos na categoria "30 min. a 60 min.", a variável "tempo de deslocamento" teria sido definida como número de horas gastas no trajeto casa-trabalho desde o momento que sai de casa até a chegada ao trabalho. Quando se tem pelo menos duas definições diferentes para a mesma variável, por qual delas optar? Um critério seria considerar o problema a ser respondido e optar por aquela que evidenciasse melhor a relação ou descrição pretendida. A definição das variáveis de forma clara e precisa é uma condição para que o critério de exclusão seja atendido.

Definir as variáveis ou termos significa, basicamente oferecer uma expressão suficientemente esclarecedora sobre o significado dos termos e oferecer, ainda, o máximo de indicadores e procedimentos empíricos que nos farão "enxergar" e obter o termo definido. Um bom critério para sabermos se as definições de nossas variáveis são claras e precisas, é pedir que leitores da mesma área que a nossa leiam as definições.

Resumindo, a categorização deve ser prevista tendo como referencial os seguintes critérios: o problema de pesquisa (variáveis a serem estudadas e relações pretendidas), a exaustão de todos os dados e a exclusividade de cada categoria.

4.5 Previsão de Coleta de Dados

Na etapa do projeto de pesquisa, é importante também decidir como os sujeitos de pesquisa serão selecionados e estudados. Se o público-alvo da pesquisa for pequeno, poderá ser possível observar cada indivíduo; ou se a pesquisa for com um único sujeito (estudo de caso, por exemplo), não haverá necessidade de seleção; mas se a população for grande, o pesquisador deverá selecionar os sujeitos[5]. E se

[5] *A palavra "sujeito" é amplamente aplicada em pesquisas, indicando pessoas e animais que formam as fontes dos dados. Quando a pesquisa não é feita com seres humanos ou animais, e sim com materiais orgânicos ou inorgânicos, usa-se termos como "fonte de dados" ou simplesmente "fonte", ou ainda "material".*

ele estiver interessado em extrair, a partir da pesquisa, generalização para uma população maior, ele terá que trabalhar com uma amostra representativa dessa população.

Há métodos para serem selecionadas amostras representativas. Mac Guigan (1975) considera que a seleção ao acaso (ao "azar") assegura essa representação, uma vez que a estatística garante que por esse método há igual probabilidade de se selecionar qualquer característica para a amostra, com um equilíbrio de todos os aspectos que serão incluídos na mesma.

Uma vez escolhida a amostra (no caso de estudos com grande número de sujeitos), é necessário dividi-la no número de grupos que serão estudados. E para esta divisão deve haver, também, critérios de seleção, de distribuição dos sujeitos para cada um dos grupos,[6] para se garantir não apenas que características relevantes dos sujeitos estudados (individualmente ou em grupos) sejam do conhecimento do pesquisador, mas também que a sua manifestação durante a pesquisa seja prevista e o mais controlada possível tendo em vista os objetivos da pesquisa.

Determinar qual o instrumento de coleta de dados

Assim como na Biologia se usam microscópios para a observação do objeto de estudo, também na pesquisa em outras áreas há instrumentos de estudo: algo que se interpõe entre o pesquisador e o sujeito com o objetivo de obter as informações desejadas – as técnicas de coleta de dados.

Mais uma vez, o pesquisador terá à sua frente um leque de alternativas, cada uma com suas vantagens e desvantagens, adequações e inadequações, e ele deverá decidir. Essa decisão deverá ser feita com base em uma análise criteriosa, antes de se sair a campo.

---

6 *Para o estudo das várias técnicas de seleção e distribuição de sujeitos, para os diferentes grupos que uma pesquisa utiliza, ver MacGuigan (1975) em Hübner-D'Oliveira (1984), São Paulo: EPU.*

Em 1980, no curso de Metodologia Científica da PUC-SP, apresentávamos aos alunos uma categorização de técnicas de coleta de dados, que incluía três tipos: a observação, o questionamento e o uso de documentos; além disso, forneciamos um fluxograma, que indicava os vários caminhos e critérios para se tomar a decisão, e que apresentamos a seguir, modificado sob a forma de um roteiro.

A primeira pergunta que o pesquisador deve fazer é:

1 Existem dados registrados sobre o evento?

No caso, por exemplo, de um estudo sobre a interação mãe-criança em situações de almoço. Há dados sobre essa interação específica registrados em algum documento? Não, a não ser outros estudos já realizados sobre interação (e, nesse caso, os estudos já realizados são bibliografia e não dados de pesquisa). Como a interação é um processo que está ocorrendo, é contínuo, dinâmico, atual, não há, portanto, registro passado sobre o evento a ser estudado.

Por outro lado, um estudo que vise buscar dados sobre a jornada de trabalho de metalúrgicos no Estado de São Paulo e distribuição de renda no País já pode dispor de dados documentados em várias fontes (uma delas, por exemplo, é Camargo, 1976). Portanto, a resposta à primeira pergunta seria SIM.

A segunda pergunta que o pesquisador deverá fazer é:

2 Existem dados registrados? O registro está disponível?

Se for possível o acesso aos registros e caso eles sejam válidos e autênticos, poder-se-á realizar uma pesquisa com documentos.

Existe grande diversidade de documentos que podem ser de interesse para um pesquisador: estudos fotográficos, registros censitários, cartoriais, jornais, revistas, atas públicas, etc.

Qualquer negativa a uma das duas questões anteriores (e, portanto, uma negativa à possibilidade de se realizar pesquisa por documentos) leva-nos à seguinte questão:

3 Há possibilidade de se presenciar o evento?

Se houver, ou seja, se pudermos **notar** e **registrar** eventos, tal como a interação mãe-criança, desempenho de alunos, etc., a próxima questão será a seguinte:

4 Dispõe-se de tempo e recursos para se efetuar a observação?

Por ser uma tarefa lenta e dispendiosa, a observação requer que se analise esse aspecto. O observador tem que ficar à mercê da ocorrência e duração do evento a ser estudado, o que demanda um grande dispêndio de tempo e de recursos financeiros.

Se houver disposição de tempo e de recursos, então a observação será o método de coleta de dados que poderá ser utilizado.[7]

Se o evento não for passível de observação, tais como: sentimentos e opiniões de pessoas, por exemplo, ou se não se dispuser de tempo e de recursos, ou, ainda, se a presença do observador alterar o evento, existirá a seguinte possibilidade:

5 Existem pessoas que possuem a informacão?

Caso, positivo,

6 Elas estão disponíveis?

Se estiverem, será possível coletar os dados pelo método de questionamento.

---

[7] *Há muitos cuidados a serem tomados no momento em que se utiliza a observação como método, e há várias maneiras de se observar, com técnicas de registro específicas. Para um estudo e aprofundamento a respeito, ver Danna e Matos, 1987.*

Este método envolve o uso de entrevistas, questionários, testes, escalas, cada um dos quais adequando-se a diferentes situações e interesses.

As entrevistas, por exemplo, são utilizadas quando se quer obter a informação diretamente do indivíduo e aprofundar questões perguntando-lhe a razão pela qual respondeu-as. Kerlinger (1979) e muitos outros autores chegam a considerar uma "arte de alta engenharia"; é preciso muito treino e experiência para se tornar um entrevistador competente.

Em geral, utilizam-se guias e roteiros de entrevista para se garantir certos aspectos na situação de coleta de dados, pois, em se tratando de uma situação "ao vivo" (com indivíduo e pesquisador frente a frente), complexa, onde o entrevistador deve ficar atento à criação de um bom relacionamento com o entrevistado e onde este deve ficar à vontade para estender suas respostas, responder várias questões ao mesmo tempo, é fundamental que se tenha à mão o roteiro, no sentido de evitar que questões importantes deixem de ser feitas, ou que se repita aquelas já respondidas, etc. [8]

As entrevistas são muito utilizadas no método clínico, constituindo-se num dos principais instrumentos de trabalho de psicólogos, médicos e terapeutas em geral.

Os questionários são, por sua vez, formas menos diretas do que as entrevistas e são adequados às situações onde se quer abranger um grande número de pessoas em pouco tempo, pois eles permitem a aplicação simultânea em certo número de pessoas.

Vejamos um exemplo do emprego de questionários em pesquisa. Bucher, Ulhoa e Longo (1981) realizaram um estudo com questionário (e testes) em 30 adolescentes, toxicômanos, no sentido de caracterizá-los dos pontos de vista psicossocial e estrutura de personalidade. Para tal aplicaram um questionário de dados pessoais e clínicos, com 105 variáveis (dados de identificação, socioculturais, antecedentes familiares e pessoais, sintomas anteriores e atuais). O

---

8 *Seltiz e colaboradores (1982) discutem vários pontos a serem levados em conta na realização de uma entrevista.*

objetivo do questionário foi caracterizar a amostra estudada. Constataram, por exemplo, que a maioria dos toxicômanos considera o relacionamento com a família insatisfatório. O questionário caracterizou ainda vários sintomas típicos dos toxicômanos estudados e as diferenciações entre ambos os sexos.

Há várias decisões que devem ser tomadas na construção de um questionário (ou entrevista); dentre elas, estão as seguintes:

- *O número de perguntas* - Deve ser limitado, para evitar o cansaço do indivíduo, além de nem sempre ele estar à disposição do pesquisador por um longo período de tempo.
- *O tipo de interação entre indivíduo e pesquisador* - Se as questões forem feitas diretamente, face a face, a interação será pessoal (e se denomina entrevista estruturada); se as questões forem impressas e o informante as responder por escrito, a interação será impessoal. A interação poderá, ainda, ser mista: o pesquisador explicará os propósitos da pesquisa e, em seguida, fornecerá as questões por escrito.

Essas decisões são tomadas com base tanto no problema de pesquisa, como nas características dos indivíduos. Se estes forem crianças ou analfabetos, por exemplo, e se o método escolhido for o de questionamento, a interação deverá ser pessoal (entrevista estruturada ou não-estruturada).

Se, por outro lado, os indivíduos forem adultos alfabetizados e o problema de pesquisa contiver um tema que possa ser constrangedor para ele expressar verbalmente ou se identificar, então uma boa alternativa será o uso de questionários anônimos. [9]

---

[9] *Para discussão aprofundada a esse respeito ver Seltiz e colaboradores, 1987, indicado em Hübner-D'Oliveira (1984). São Paulo: EPU.*

Um outro aspecto importante a ser ressaltado no método de questionamento é o cuidado na elaboração do instrumento. As questões devem estar claras, precisas e sem sugerir ou supor respostas. Antes de se aplicar o instrumento, é prudente testá-lo em condições similares às que aparecerão na pesquisa.

Tomadas as decisões sobre quais dados coletar, a maneira de fazê-los (previsão de coleta), as relações que serão estabelecidas entre eles para responder ao problema de pesquisa (previsão de análise) e levando-se em conta todos os cuidados anteriormente colocados, o pesquisador estaria preparado para ir a campo e obter, finalmente, aqueles que, pela previsão, responderiam ao problema de pesquisa.

4.6 Tipos de Pesquisa

A literatura é muito variada e contraditória quanto à forma de classificar as pesquisas. O importante é se identificar o critério empregado para essa classificação. Critério aqui empregado para classificar a pesquisa é o tipo de relação pretendida entre as variáveis independente e dependente.

A depender do tipo de relação que se quer estabelecer entre as variáveis centrais de pesquisa, obtem-se um determinado tipo de pesquisa.

Se o pesquisador pretende descrever uma realidade, dando-lhe um determinado perfil, ou a incidência de determinadas características, sua pesquisa será do tipo **descritiva** ou de **levantamento**.

Veja as perguntas abaixo:

- "Qual o tempo de sobrevivência do vírus no meio líquido?"
- "Quais as características dos alunos egressos do curso de pós-graduação da universidade Y?

São tipicamente questões que darão origem a estudos de levantamento. Geralmente se aplicam a fenômenos novos, pouco conhecidos.

Se, por outro lado, o pesquisador pretender ir além, procurando estabelecer relações de temporalidade ou correlação entre os fenômenos, então teremos um exemplo de uma **pesquisa correlacional.**

É o caso, por exemplo, de estudos em que há preocupação de se verificar relações entre os fenômenos, sendo impossível, no entanto, manipular as condições em que eles se apresentam. Imagine um estudo que queira comparar dois sistemas de ensino em vigor em duas escolas diferentes, comparando os desempenhos dos alunos em cada um dos sistemas. Não é possível estudar um aluno no sistema X, na escola X, por exemplo, e mudá-los para a escola Y e sistema Y e depois mudá-lo novamente. É anti-ético, muitas vezes, mudar os sujeitos pelas diferentes condições. A alternativa é, então, realizar análises de correlação. E aqui é importante a consulta a um estatístico para se verificar a necessidade, em face dos números obtidos e do tamanho da amostra, de índices de correlação.

Além da descrição e da correlação, existe a busca de relações de causa e efeito, que caracterizam as pesquisas **experimentais.** Fazer um experimento significa manipular a variável independente ou variável experimental (em seus valores). Muitas vezes, não é desejável e nem possível realizar esse tipo de pesquisa em que há manipulação de variáveis. Todavia, é a introdução e retirada de variáveis (manipulação) que permite identificar relações funcionais, "causais". Daí a existência de uma grande engenhosidade de pesquisadores na busca de delineamentos que, sem ferir a ética e superando impossibilidades, acabam por propiciar o estabelecimento de relações casuais entre as variáveis. As questões abaixo são típicas de estudos experimentais.

- "Qual o efeito do uso diário do computador sobre a habilidade de concentração em crianças?"
- "Qual o efeito da música no comportamento autolesivo de crianças autistas?"
- "Qual o efeito da droga sobre o comportamento agressivo em macacos?"

É importante notar que nos três tipos de pesquisa - descritiva, correlacional e experimental - há tanto a possibilidade de uma análise qualitativa quanto quantitativa dos dados. O que define uma pesquisa como sendo "qualitativa" ou "quantitativa" não é o método de coleta, mas sim a forma de tratamento dos dados. É óbvio, contudo, que o tratamento dos dados deve ser previsto no projeto (na seção Previsão de Análise de Dados) para que a coleta seja feita de modo coerente e adequado.

4.7 O Tamanho de um Projeto

Novamente, esta é uma questão de menor importância. Porém, reitero, alunos se preocupam sobremaneira com esse aspecto, o que justifica a dedicação de algumas palavras a esse item.

Em geral, num projeto, a Introdução não ultrapassa 30 laudas, porque o levantamento bibliográfico é inicial e se priorizam mais os argumentos que defendam as relevâncias social e científica do tema.

A seção de Método deve ser exaustivamente descrita, podendo chegar a 20 laudas, aproximadamente.

A seção de Referências Bibliográficas deve compor exatamente o número de fontes consultadas e citadas no trabalho.

O restante do projeto deve ter o tamanho desejado por seu escritor. O essencial é que ele contenha os elementos considerados importantes para a sua clareza e precisão, principalmente quanto aos objetivos, relevâncias social e científica e método a ser seguido (delineamento de pesquisa).

5 APRESENTAÇÃO DO TRABALHO CIENTÍFICO (O PRÉ-TEXTO)

Seja uma monografia, projeto de dissertação ou de tese, a capa segue aproximadamente o mesmo padrão.

Em todos os três tipos de trabalho, apresenta-se, primeiramente, no topo da folha, centralizado, o nome da universidade ou instituição à qual o trabalho está vinculado (trecho assinalado com 1 na capa).

Vá acompanhando nas figuras a seguir os modelos de capa aqui apresentados.

Logo abaixo do nome da instituição ou da universidade, – sinalizado com o número 2 –, escreve-se o curso mais abrangente onde o trabalho está inserido (se graduação ou pós-graduação) e a formação específica ("especialização em ...." ou "área de concentração ....", preenchendo no espaço aqui em branco com o nome da área em estudo, por exemplo: Educação, Análise de Sistemas, Recursos Humanos, Psicologia, etc.).

No meio da capa, centralizado, em letra maiúscula de tamanho menor do que aquela empregada para escrever o nome da universidade, vem o título do trabalho (trecho sinalizado com o número 3).

Imediatamente abaixo do título, à direita, coloca-se o nome do autor do trabalho com letra menor que a do título (trecho assinalado com o número 4).

Se for um projeto de dissertação ou de tese de doutorado, inclui-se, logo abaixo, o nome do orientador (trecho assinalado com o número 1 na Figura 2).

5.1 Capa

UNIVERSIDADE MACKENZIE (1)

CURSO DE PÓS-GRADUAÇÃO (2)

Especializacão em Análise de Sistemas

SISTEMAS DE INFORMAÇÃO COM LINGUAGENS ESTRUTURADA E NÃO ESTRUTURADA: UMA ANÁLISE COMPARATIVA ENTRE C + + E TURBO-PASCAL (3)

FELIPE MAGONI (4)

Monografia Apresentada à Cadeira de Análise de Sistemas como Parte das Exigências para Aprovação no Curso (5)

São Paulo

1998 (6)

Figura 1 Exemplo de Capa de Monografia*.

* Retiram-se os números indicados entre parênteses.

UNIVERSIDADE MACKENZIE

CURSO DE PÓS-GRADUAÇÃO
EM EDUCAÇÃO

INTERRELAÇÃO ENTRE O APRENDIZADO DA LEITURA E ESCRITA EM PRÉ-ESCOLARES.

MARIA ISABEL MARQUI

Orientadora: Dra. Marília Campos (1)

Projeto de Dissertação de Mestrado Apresentado ao Curso de Pós-Graduação em Educação como Parte das Exigências do Exame de Qualificação para Obtenção do Grau de Mestre em Educação (2)

São Paulo
1998

Figura 2 Exemplo de Capa de Projeto de Dissertação de Mestrado*.

* Retiram-se os números indicados entre parênteses.

Aproximadamente 3 cm abaixo do nome do orientador ou do autor, próximo à margem direita, indica-se o contexto do trabalho: se é monografia ou tese, se é para exame de qualificação ou se é a própria tese. Na Figura 1 está um exemplo de indicação do contexto de Monografia (indicado com o número 5). Na Figura 2 está a indicação do contexto de um projeto de dissertação de mestrado (indicado pelo número 2). Se for projeto de tese de doutorado basta substituir as palavras "dissertação de mestrado" por " tese de doutorado". Se já for a apresentação da dissertação ou defesa de tese, retiram-se as palavras "projeto de" e "do exame de qualificação".

A última informação da capa é o nome da cidade e o ano em que o trabalho foi realizado. Eles vêm ao pé da página, nessa ordem, centralizados (indicado na Figura 1 pelo número 6).

Para a decisão do tipo de papel e qualquer outro detalhe da capa (cor, símbolos, etc.) devem-se solicitar informações no departamento responsável da universidade.

Para o tipo e tamanho de letra recomenda-se o *Times New Roman* nos seguintes tamanhos:

- No trecho assinalado com 1 e 2, página 33: 16pt.
- No trecho assinalado com 3, página 33: 15 pt.
- No trecho assinalado com 4, página 33: 14 pt.
- No trecho assinalado com 5, página 33: 13 pt.
- No trecho assinalado com 6, página 33: 16 pt.

5.2 Página de Rosto

Em geral, é a reprodução da capa, só que no interior do trabalho. Há universidades que incluem nela os dados da capa, mais a composição da Banca Examinadora com as assinaturas de seus participantes.

5.3 Dedicatória

Trata-se de uma parte opcional, onde o autor dedica seu trabalho ou inclui um pensamento ou citação. A dedicatória ou pensamento deve figurar à direita, na parte inferior da folha.

A dedicatória tem um cunho pessoal e a citação ou pensamento deve relacionar-se, direta ou indiretamente, ao assunto abordado no trabalho.

Veja um exemplo na Figura 3. Não é usual incluir essa parte em monografias e projetos. Aplica-se mais às dissertações e teses.

À minha filha, Luiza,
por tudo que me ensina.

Figura 3 Exemplo de Dedicatória.

5.4 Agradecimentos

É uma parte quase que "obrigatória", onde são registrados agradecimentos ao orientador, às pessoas que cooperaram com o autor, bem como às instituições e órgãos de fomento e subsídios ao trabalho.

Veja um exemplo na Figura 4.

> **AGRADECIMENTOS**
>
> À Dra. Giovana Bardi, minha orientadora, pela paciência e sugestões na revisão do texto original.
>
> Aos alunos da pré-escola "Vereda", por sua imensa colaboração na realização da pesquisa.
>
> Ao CNPq – Conselho Nacional de Desenvolvimento Científico e Tecnológico, pelo subsídio aos dois anos de pesquisa.
>
> À Universidade Mackenzie, por propiciar a oportunidade de aprender e apresentar o presente trabalho.

Figura 4 Exemplo de Folha de Agradecimentos.

5.5 Índice Geral

Há autores que sugerem o emprego da palavra "Sumário" no lugar de "Índice" (a própria ABNT o faz, embora haja atualmente um grupo revendo e discutindo as normas). Tendo em vista que a palavra Sumário gerou alguma confusão com o emprego da palavra "Summary", em Inglês, aplicada ao Resumo, a prática dos pesquisadores de algumas áreas acabou por adotar mais freqüentemente a palavra Índice. Mas ambas as denominações são aceitas por suas diferenças muito sutis.

Além disso, a palavra **índice**, no dicionário de Aurélio Buarque de Holanda Ferreira, 2ª edição, 26ª reimpressão, p.937, quer dizer "lista organizada que aparece no princípio ou no fim de um livro, ou de outra obra impressa, com a indicação das páginas, para facilitar a localização das partes, capítulos, assuntos, nomes, etc. nele contidos e a palavra **sumário** (p. 1628) está como "resumido, breve, conciso, sintético". Portanto, a sugestão aqui dada é também coerente com a definição do dicionário.

O índice geral, como o próprio nome revela, indica a relação das seções do trabalho, na ordem em que se sucedem no texto e com indicação da página inicial, em algarismos arábicos.

Se o autor optar por numerar cada seção, a numeração deve se repetir no interior do texto. Recentemente, tem-se abolido a numeração de cada seção, principalmente em trabalhos curtos e relatórios de pesquisa.

Trabalhos com menos de dez laudas não requerem Índice.

ÍNDICE GERAL

Figura 5 Exemplo de Índice Geral de um Projeto de Pesquisa.

5.6 Índice de Figuras e Tabelas

Só devem ser apresentados quando houver um grande número de figuras ou tabelas. As figuras (fotografias, gráficos, mapas, etc.) são numeradas na ordem em que aparecem, com números arábicos, e as tabelas também.

Porém, cada uma segue sua própria ordem de numeração. A primeira figura que aparece no texto recebe a numeração 1, ou seja, Figura 1. A primeira tabela também recebe a numeração 1, ou seja, Tabela 1. O índice, nesse caso, é fundamental, pois dá a página em que cada uma delas se encontra. E como são de natureza e localização diferentes, não há como haver confusão.

Em ambos os índices deve-se indicar, além do número, o título de cada figura e tabela. Na Figura 6 segue um exemplo desse tipo de índice.

É importante ainda esclarecer que há uma diferença entre quadro e tabela: os quadros não contêm informações numéricas e são fechados, com moldura. As tabelas contêm informações numéricas e não devem ser fechadas em suas laterais.

ÍNDICE DE FIGURAS

Figura 6 Exemplo de Índice de Figuras.

5.7 Resumo, Abstract ou Resumé

A função básica do resumo é dar informações essenciais para selecionar a leitura daqueles que realizam um levantamento bibliográfico. Assim, os resumos são, hoje em dia, quase uma ficha catalográfica diretamente enviada aos sistemas bibliotecários nacionais, internacionais, informatizados ou não.

Dessa forma, recomenda-se que as páginas reservadas para o resumo obedeçam às normas gerais para catalogação bibliotecária, que são as seguintes:

- Máximo de 250 palavras.
- Espaço 1.
- Cabeçalho nos moldes das regras de uma referência bibliográfica de livro (ver página 27).

No final desse cabeçalho indica-se o número total de páginas do trabalho, visando uma futura inclusão do resumo nas listas informatizadas ou não que informam os resumos de teses e trabalhos publicados na área.

Relacionada à catalogação internacional está a necessidade de haver um resumo em outra língua. Para as dissertações de mestrado exige-se o resumo em uma segunda língua, de preferência o inglês.

Para as teses de doutorado exigem-se resumos em duas outras línguas. Além do português, recomendam-se as línguas inglesa e francesa e, atualmente, o espanhol vem sendo incluído.

6 ALGUMAS MEDIDAS DO TRABALHO CIENTÍFICO

Não me lembro de teses e trabalhos acadêmicos terem sido reprovados por questões formais menores, como o tamanho do papel, margem, espacejamento, etc. Entretanto, é extremamente desagradável ouvir comentários negativos relativos a esses aspectos, tão simples de serem resolvidos. E afinal, eles também ajudam na padronização e arquivo em fichas catalográficas em bibliotecas do mundo todo.

6.1 Papel

Deve ser utilizado papel branco, formato A4 (21,0 cm x 29,7 cm) ou impresso em formulário contínuo de computador (21,0 cm x 28,0 cm).

6.2 Datilografia

A datilografia ou digitação do trabalho deve prever:

- utilização de um só lado do papel;
- espaço duplo, exceto: resumo, notas de rodapé, citações diretas, indicações de fontes de tabelas, referências bibliográficas, que devem ser apresentados em espaço simples;
- alinhamento da margem direita evitando separações silábicas com barras ou outros sinais (mas o alinhamento pela margem esquerda é mais aceito internacionalmente).

6.3 Margem e Espacejamento

De modo a permitir uma boa visualização do texto, assim como reprodução e encadernação corretas, devem ser observadas as recomendações a seguir:

a) Margens (observar a proporcionalidade e efeitos após encadernação)

esquerda 3,0 a 4,0 cm

direita 1,5 a 2,0 cm

superior 2,5 a 3,5 cm

inferior 2,0 cm

b) Espacejamento

Cada seção deve ser iniciada em uma nova página. O mesmo espacejamento observado entre cabeçalhos e textos deve ser obedecido entre o término de um item e o cabeçalho do item seguinte e assim consecutivamente da Introdução à Conclusão do trabalho.

6.4 Paginação

As páginas devem ser numeradas seqüencialmente, em algarismos arábicos, no canto superior direito a partir da introdução até as referências bibliográficas. Os números devem ser colocados sem traços, pontos ou parênteses. A paginação dos anexos e das referências bibliográficas deve ser contínua.

7 TEMPOS VERBAL E PESSOAL EM UM TEXTO CIENTÍFICO

Uma das características da ciência é avaliar os trabalhos e não as pessoas que os escrevem. Uma decorrência dessa postura é escolher a terceira pessoa do singular, com a partícula apassivadora SE, quando for o caso, nos textos científicos.

Assim, ao invés de se escrever "Procurei estudar...." escreve-se : "O objetivo do presente trabalho foi...." ou "Buscou-se verificar..."

É uma forma de deixar o trabalho à mostra, pronto para ser analisado pela comunidade científica.

O tempo verbal varia conforme a natureza do trabalho e a seção do mesmo. Para uma monografia, emprega-se o tempo presente, quando o autor for se referir ao próprio trabalho, objetivos, conclusões, etc. Ao relatar outros estudos, emprega-se o pretérito perfeito ou o imperfeito, de acordo com a duração da ação descrita.

Em um projeto, o tempo verbal é o futuro, pois o trabalho ainda vai se concretizar. Entretanto, ao fazer a revisão bibliográfica, o autor deverá empregar o tempo verbal de acordo com a localização temporal do fato descrito.

8 OS MOMENTOS DA CARREIRA ACADÊMICA

8.1 Pós-Graduação *Lato Sensu* e *Stricto Sensu*

Basicamente há dois tipos de curso após a graduação: o *lato sensu* ou de especialização e o *stricto sensu.*

O primeiro dá ao aluno, que cumpre todos os créditos e é aprovado, o título de Especialista na área em que o curso se concentrou (por exemplo: em Administração, com ênfase em Recursos Humanos, em Direito, em Distúrbios do Desenvolvimento, etc.). O segundo (*stricto sensu*) lhe dá, numa primeira etapa, o título de Mestre em...., numa segunda o de Doutor em..., quando ele cumpre todos os créditos (em geral, de dois anos de duração na primeira etapa e mais três na segunda) e é aprovado nas matérias, no Exame Geral de Qualificação e na apresentação da Dissertação de Mestrado propriamente dita ou da Tese de Doutorado (segunda etapa).

Para ser aprovado durante o curso, o aluno deve atender aos critérios de avaliação de cada disciplina, que seguem estritamente as decisões de cada professor.

8.2 O Exame Geral de Qualificação

No caso do Exame Geral de Qualificação, o aluno deve apresentar um Projeto de Dissertação de Mestrado, numa primeira etapa, ou de Tese de Doutorado, numa segunda, que será apreciado por uma banca examinadora.

No caso do mestrado e do doutorado, a banca do Exame de Qualificação é composta:

- por um professor-doutor de fora da universidade pela qual o aluno é candidato;
- um professor-doutor da universidade pela qual o aluno é candidato;
- pelo seu orientador.

Há regras institucionais quanto aos prazos requeridos para a entrega do projeto e a escolha da composição da banca. O aluno deve ir constantemente à procura das informações no setor responsável de sua instituição.

Via de regra, são obedecidos dois critérios básicos:

- A entrega dos projetos deve levar em conta um tempo hábil para a banca ler e a instituição analisar os documentos do candidato (histórico escolar, currículo da banca, etc.).
- Os componentes da banca podem ser indicados pelas pessoas mais próximas à área e tema em análise (no caso, o orientador e o candidato), mas a indicação deve ser submetida a uma comissão mais abrangente, representante legal da área de concentração do candidato.

O critério de aprovação no Exame Geral de Qualificação (para o mestrado e o doutorado) depende da própria banca e de critérios objetivos da própria universidade. Na maior parte dos casos, não se emprega nota de avaliação no Exame de Qualificação. O aluno é considerado aprovado ou reprovado.

Para o mestrado, não se espera dele um tema ou método inédito, mas sim a sua capacidade em realizar um trabalho científico dentro dos rigores apresentados neste texto (Capítulo 4). Mas a "Torre de Babel" ou a variabilidade entre departamentos e universidades é um fato. Portanto, aconselha-se ao aluno ficar atento à história de sua própria universidade e à tradição de seus exames e defesas de tese para se preparar quanto aos rigores e procedimentos específicos desses momentos.

Para o doutorado, a exigência é maior: espera-se um projeto que contenha novidades, seja no nível conceitual, teórico ou metodológico. Essa novidade deve estar demonstrada pela revisão bibliográfica (relevância científica) e ser avaliada pela própria banca.

O Exame Geral de Qualificação (nos dois níveis – mestrado e doutorado) é um momento para o candidato receber eventuais sugestões para modificar seu trabalho, melhorando-o. Quanto antes ele puder fazer seu Exame de Qualificação, melhor para a desenvoltura de seu trabalho e para o posterior sucesso na apresentação da dissertação ou da defesa da tese de doutorado.

O candidato tem, aproximadamente, 30 minutos para apresentar um resumo do projeto e, em seguida, cada examinador dá início às argüições.

8.3 A Apresentação da Dissertação de Mestrado

A banca examinadora da Dissertação de Mestrado pode ser a mesma do Exame de Qualificação.

O estilo e a solenidade do momento de apresentação ou de defesa de uma tese variam muito em função da instituição e dos professores componentes da banca.

A tendência mais atual é reduzir os rituais, o formalismo, e ater-se mais à essência do momento, que é a discussão e avaliação do trabalho apresentado e a pertinência do mesmo para a obtenção de um título acadêmico.

Cada instituição tem um roteiro com as sugestões de como se conduzir na situação.

Cabe também ao orientador familiarizar o orientando com as regras da situação.

8.4 A Defesa da Tese de Doutorado

A banca examinadora é composta por cinco professores-doutores: o orientador, dois professores da universidade pela qual o aluno é candidato e dois professores de outras universidades.

A escolha de cada banca examinadora passa por um processo decisório dentro dos departamentos e órgãos internos de cada instituição.

O processo mais seguido é o que começa com a indicação dos nomes que o próprio orientador fornece ao coordenador do curso e/ou chefe de departamento. Aqueles que forem indicados serão avaliados por comissões departamentais e, finalmente, a banca é oficialmente composta.

O momento é semelhante à apresentação de mestrado, mas a própria composição da banca terá como conseqüência uma duração maior, com mais argüições.

Tal como no mestrado, o candidato ao título de Doutor também apresenta seu trabalho por 20 minutos aproximadamente e, em seguida, iniciam-se as argüições.

9 INDICAÇÃO BIBLIOGRÁFICA

São muitas as publicações sobre Metodologia Científica. Abaixo estão relacionadas apenas algumas delas, com o intuito de fornecer ao aluno a possibilidade de conhecer orientação e concepção diferentes daquelas apresentadas no presente texto, bem como outras que corroboram as sugestões que aqui foram dadas.

Associação Brasileira de Normas Técnicas (ABNT) (1989). *Referências técnicas NBR 6023*. Rio de Janeiro: ABNT.

Andery, M. A.; Serio, T. A. e Colaboradores (1988). *Para compreender a ciência: uma perspectiva histórica*. São Paulo: Espaço e Tempo; Educ.

Andrade, M.M. (1994). *Introdução à metodologia do trabalho científico*. São Paulo: Atlas.

Camargo, C. P. F. e Cardoso, F. H. (1975). *Crescimento e pobreza*. São Paulo: Loyola.

Bucker, R.; Whea, M. J. C. e Longo, S. M. (1981). *O toxicômano: dados psicossociais e estrutura psicodinâmica*. Psicologia: Ciência e Profissão.

Castro, C. de M. (1976). *Estrutura e apresentação de publicações científicas*. São Paulo: Mc Graw-Hill.

Castro, C. de M. (1977). *A prática da pesquisa*. São Paulo: Mc Graw-Hill.

Chizzotti, A. (1991). *A pesquisa em ciências humanas e sociais*. São Paulo: Cortez.

Danna, M. F. e Matos, M. A. (1982). *Ensinando observação: uma introdução*. São Paulo: Edicon.

Eco, H. (1986). *Como se faz uma tese*. 3. ed. São Paulo: Perspectiva.

Ferrari, A. (1982). *Metodologia da pesquisa científica*. São Paulo: Mc Graw-Hill.

Hayakawa, I. S. (1963). *A linguagem no pensamento e na ação*. São Paulo: Pioneira.

Kerlinger, F. N. (1974). *Metodologia de pesquisa em ciências sociais – um tratamento conceitual.* São Paulo: EPU/Edusp.

Hempel, C.G. (1966). *Explicação científica. Em Morgenbesser. S. (org.) Filosofia da Ciência.* São Paulo: Cultrix.

Hübner - D'Oliveira (1984). *Ciência em psicologia: uma introdução.* Coleção Temas Básicos em Psicologia. São Paulo: EPU.

Johnson, H. H. e Solso, R. L. (1980). *Uma introdução ao planejamento experimental em psicologia: estudos de caso.* São Paulo: EPU.

Kaplan, A. (1969). *A conduta da pesquisa: metodologia para as ciências do comportamento.* São Paulo: EPU/Edusp.

Lacey, H. M. (1971). Natureza e desenvolvimento de teorias científicas: um conflito de perspectivas. *Ciência e Cultura,* 24:411-418.

Lakatos, M. N. de A. (1992). *Metodologia do trabalho científico.* 4. ed. São Paulo: Atlas.

MacGuigan (1975). *Psicologia experimental – enfoque metodológico.* México: Trillas.

McCain e Segal (1969). *The game of science.* Belmont, Califórnia: Brooks/Cole.

Mattos, F. G. (1988). O título de um trabalho científico: claro, conciso, concreto e criativo. *Ciência e Cultura.* (40), 778-779.

Newmann, V. C. (1988). O valor das informações científicas e tecnológicas, Sociedade Brasileira para o Progresso da Ciência. *Ciência e Cultura* (40), 771-773.

Pinsky, J. (1975). História e ciência: uma visão histórica. *Ciência e Cultura,* 27(10).

Selltiz, Wrightsman e Cook (1987). *Métodos de pesquisa nas relações sociais.* São Paulo: EPU.

Severino, A. J. (1985). *Metodologia do Trabalho Científico.* 12. ed. rev. São Paulo: Cortez.

Sidman, M. (1960). *Tactics of scientific research.* New York: Basic Books.

Whalley, D. L. e Surratt, S. L. (1975). *O espírito científico.* São Paulo: EPU.

PIONEIRA
THOMSON LEARNING

Prezado(a) Leitor(a),

Para que possamos mantê-lo informado sobre as novidades do mercado editorial e de nossos títulos, solicitamos o preenchimento dos campos abaixo, remetendo o cupom para: **Pioneira Thomson Learning** – Rua Santa Justina, 496 – Vila Olímpia – CEP 04545-042 – São Paulo – SP, ou pelo fax: (11) 3045-0335.

Nome: ....

Endereço: ....

Cidade: .... Estado: ☐☐ CEP: ☐☐☐☐☐–☐☐☐

Empresa: ....

Cargo: ....

Tel.: .... Fax: ....

e-mail: ....

Área de atuação: ☐ professor universitário ☐ profissional liberal ☐ outras

Tenho interesse nas seguintes áreas:

☐ Administração e Negócios ☐ Economia ☐ Contábeis ☐ Direito

☐ Educação ☐ Psicologia ☐ Metodologia/Pesquisa ☐ Sociologia

☐ Medicina/Saúde ☐ Informática ☐ Outras (especificar): ....

visite-nos na internet: www.thomsonlearning.com.br
e-mail: promo@thomsonlearning.com.br

ISBN: 85-221-0149-3

Impresso nas oficinas da
Gráfica Palas Athena